AF460552

LES
VOLONTAIRES ANGLAIS,
OU
LA DÉMISSION FORCÉE,
FOLIE-VAUDEVILLE,
EN UN ACTE, EN PROSE,

Par MM. BONEL et JORRE fils.

Représentée sur le théatre de l'Ambigu-Comique, le 20 nivose an XII.

Chez BARBA, Libraire, Palais du Tribunat, galerie du Théâtre Français de la République, n°. 51.

AN XII. (1804.)

Yth 19317

PERSONNAGES. ACTEURS.

PERSONNAGES.	ACTEURS.
GEORGES, maître de Tabagie.	M. *Raffile.*
PATRICE, son fils.	M. *Melcour.*
WILLIAMS, irlandais, brasseur.	M. *Joigny.*
AUGUSTE, fils de l'ancien associé de Williams, d'origine française.	M. *Tiphaine.*
ERNESTINE, fille de Williams.	Mme *Laporte.*
UN SOLDAT parlant.	M. *Millot.*

La scène se passe dans un village, sur la côte d'Angleterre.

Permis, le 7 nivose an 12, en vertu de l'autorisation du ministre de l'Intérieur. FÉLIX NOGARET.

Vù à la Préfecture de police, le 9 nivose an 12. Le conseiller d'Etat, préfet de police. DUBOIS.

LES
VOLONTAIRES ANGLAIS,
OU
LA DÉMISSION FORCÉE.

Le théâtre représente d'un côté la tabagie de Georges, de l'autre, la brasserie de Williams; l'enseigne de la tabagie est : AU VAINQUEUR DE LA COURSE, et doit représenter lord Cambridge en habit de général.

SCENE PREMIERE.

GEORGES, *en habit de colonel de Volontaire*, PATRICE, *son fils, en garçon de tabagie, avec tablier, etc.*

GEORGES.

Eh bien, lieutenant, avez-vous exécuté mes ordres ?

PATRICE.

Oui, papa.

GEORGES.

Goddem ? le imbécile ! papa ! colonel.

PATRICE.

Oh ! je avais oublié ; écoutez donc, nous ne sommes pas nous autres anglais nés soldats.

GEORGES.

C'était égal, bataille !

PATRICE.

Bataille, il était bien ; mais encore fallait-il savoir batailler. Je suis lieutenant de Volontaires, volontiers, mais tenez, mon cher papa, colonel ; je sais mieux déboucher une bouteille de Sooter que manier l'épée.

GEORGES.

Insolent !

PATRICE.

Tant que vous voudrez ; mais je ne suis pas fort, moi, et les Français ça vous tape, tape, et puis ne avaient-ils pas pour eux le bon droit.

GEORGES.

Non.

PATRICE.

Mais enfin nous avons fait des traités. Nous y manquons, cè n'était pas bien du tout.

GEORGES.

C'était égal, nous suivons toujours le marche le plus sûre.

PABRICE.

Tout le monde nous blâmera.

GEORGES.

Air : *vaudeville d'Angélique at Melcour.*

Eh ! quoi, pour nn traité rompu
Veux-tu donc me rompre la tête ;
Monsieur Addington l'a voulu,
Or le chose il était honnète,
Ce traité fut un déshonneur,
Mais le ministre est sans reproche,
Puisqu'il chargea l'ambassadeur
De le signer du main gauche.

PATRICE.

Oui, mais c'est que les Français, ils allaient toujours droit.

GEORGES.

C'était égal. Je suis nommé colonel des volontaires de ce village. J'ai dans la crainte d'une descente, agi de prudence beaucoup et pour plus de sûreté.

Air : *Une fille est un oiseau.*

Sur le côté il faut d'abord
Mettre un corp de surveillance ;
Prends ton habit d'ordonnance,
De toi je fais mon major ;
Mon premier garçon sans peine
Servira de capitaine,
Des officiers par douzaine
Vons se presser sur nos pas,
Va, tout ira bien, j'espère.

PATRICE.

Oui, mais dites moi, cher père ;
Où prendrez-vous des soldats.

GEORGES.

Allons finissez, major. Avez-vous fait débaler les gilets de flanelle que je avais reçu de Londres ?

PATRICE.

Certainement ; c'était un galanterie des dames anglaises ; mais quels diable d'uniforme, des gillets de flanelle à des soldats.

GEORGES.

C'était bien vu, monsienr.

Air : *D'Arlequin afficheur.*

Tout autre peuple assurément
Renoncerait à cette mode ;
Mais dans un chaud engagement
Ce gilet devient fort commode ;
Les anglais, quoique valeureux,
Vont au combat d'un pas très-sage,
Muis quand ils retournent chez eux,
Ils sont toujours en nage.

C'était un parachûte pour les plurésies.

PATRICE.

C'était prudent.

GEORGES.

Mais je crayai que vous vous moquez pour moi.

PATRICE.

Incapable ; mais je suis de bon compte.

Air : *De la pipe de tabac.*

J'aime la paix, je hais la guerre,
Or donc.

GEORGES.

Monsieur n'achevez pas.

PATRICE.

Qui va nous apprendre cet' afaire.
Lord Cambridge.

GEORGES.

N'achevez pas.

PATRICE.

Sur mer nous avons l'avantage,
Mais sur terre.

GEORGES.

N'achevez pas.

PATRICE.

Tous les français ont du courage ;
Et nous.

GEORGES.

Goddem n'achevez pas.

GEORGES.

Les français gnerrier, possible ; mais ils ne pourront jamais nous atteindre ; d'ailleurs cette lord Cambridge était un héros invulnérable ; pour le bonheur des anglais il avait toujours le pied dans l'étrier.

PATRICE.

Je croyais beaucoup.

GEORGES.

Air : *De la Clef forée.*

A coup sûr ce grand général
Est un trésor pour l'Angleterre,
En vitesse il n'a point d'égal ;
Et se tire toujours d'affaire,
En Hanovre, officiers, soldats,
Se sont montrés des plus ingambes
Si les français ont de bons bras.

GEORGES.

Les anglais ont de bonne jambes.

GEORGES.

Finissons, que le corps que je commande soit sous les armes sur cette place à midi, je veux le passer en revue.

PATRICE.

Cela ne sera pas long, ils n'étaient que sept.

GEORGES.

Sept.

PATRICE.

Sans doute : le capitaine, le lieutenant, votre serviteur, un sous-lieutenant, le sergent, le caporal, le tambour et vous compris, voilà le régiment.

GEORGES.

Et le voisin Williams, et le fils de ce français, son ancien associé ; qui, né dans ce pays, doit être anglais ; sont-ils des nôtres ?

PATRICE.

Pas.

GEORGES.

Je devinai, le français, il était ton rival ; Williams, irlandais, aimait mieux pous sa gendre Edouard que toi ; mais j'avais prévu tout cela, et heureusement je avais un dédit, qui t'assure la main d'Ernestine.

PATRICE.

Ernestine serait ma femme !

GEORGES.

Major, faites taire les passions ; je répondai de tout ; mais allez, faut-il vous le dire deux fois, allez assembler la compagnie.

PATRICE.

Je apperçois le père d'Ernestine ; colonel je allais endosser le casaque qui était encore chez le tailleur, et je reviens à la tête des troupes. Je laissai ma vie entre vos mains.

GEORGES.

Partez, major.

SCENE II.

GEORGES, WILLIAMS.

WILLIAMS.

Ah ! ah ! bonjour voisin, comment diable, en uniforme ?

GEORGES.

Les dangers de la patrie.

WILLIAMS.

Ainsi donc vous voilà commandant.

GEORGES.

Je avais assez servi, j'espére, pour commander à mon tour. Depuis vingt ans que je tenais cette tabagie.

WILLIAMS.

Vous espérez des succès ?

GEORGES.

Si le sort répond à mon courage.

WILLIAMS.

Cela sera beau.

GEORGES.

La victoire est sûre, nous l'aurons.

WILLIAMS.

Prenez garde, la victoire est une femme.

GEORGES.

Motif de plus pour que nous soyons vainqueurs.

WILLIAMS.

J'en doute.

Air : *Vous avez belle Raimonde.*

La victoire aimable et belle
Ne menqua jamais d'amans,
Pour en trouver un fidèle
Elle a soupiré long-tems,
De l'anglais elle s'écarte,
Il est peu fait au succès,
Elle a choisi Bonaparte,
Mais sa victoire est la paix.

GEORGES.

Bonaparte, oui, oui, mais Pitt pour nous beaucoup plus davantage.

WILLIAMS.

Pitt !

Air : *Dans ce Sallon* ou *du Poussin.*

Eh ! quoi, vous osez comparer
La perfidie et le courage,
Quand l'un cherche à tout réparer,
L'autre ne veut que le carnage.
L'indomptable chef des français,
Jaloux du bonheur de la terre,
Modetse demandant la paix,
Cependant il faut bien la guerre.

GEORGES.

Prenez garde, Williams, vous êtes irlandais; votre enthousiasme pour cet homme pourrait faire soupçonner votre opinion.

Même air.

Ce reproche est hors de saison,
Et quoiqu'étranger à la France,
Est-ce donc une trahison
D'honorer partout la vaillance.
On ne peut soupçonner ma foi,
Quand je rends justice au génie;
Car un grand homme, selon moi,
A le globe entier pour patrie.

GEORGES.

Quelle poste voulez-vous dans mon régiment ?

WILLIAMS.

Aucun.

GEORGES.

Encore une preuve...

WILLIAMS.

Qu'on se batte, et nous verrons qui de nous deux jouera le plutôt des jambes, monsieur l'anglais.

GEORGES.

Ce ne sera pas moi, monsieur l'irlandais.

WILLIAMS.

C'est possible; vous avez souvent la goutte.

GEORGES.

Vous êtes bien heureux de être le père d'Ernestine, et que mon fils soit son amant.

WILLIAMS.

Vous êtes bien heureux que je connaisse votre cœur. Je vous plains, Georges, on vous abuse.

GEORGES.

Je voulai être abusé! Mais, à propos, le fils de votre défunt associé, Auguste; quel parti veut-il prendre?

WILLIAMS.

Je l'apperçois; interrogez-le vous-même.

SCENE III.

LES PRÉCÉDENS, AUGUSTE.

WILLIAMS.

Approchez, Auguste, Georges, le colonel, vous offre une place dans son corps.

AUGUSTE.

L'honneur est grand, je l'en remercie; mais je ne puis l'accepter.

GEORGES.

Quelle raison, je vous prie?

AUGUSTE.

Mon père étant français!...

GEORGES.

C'était égal; vous êtes né en Angleterre...

AUGUSTE.

Air : *Comme j'aime mon Hyppolite.*

Fils d'un français, je ne puis pas,
Quoique né dans votre patrie,
Figurer parmi vos soldats;
Loin de moi cette perfidie,

Malgré mille détours divers,
Tel qui le suivit dans sa course,
D'un fleuve perdu dans les mers,
Aisément reconnaît la source.

GEORGES.

C'était égal, monsieur ; vous avez tort de prendre le parti de gens aussi coupables ; et, si nous nous armous, c'est pour défendre la cause des nations.

AUGUSTE.

Dites plutôt que c'est pour vous enrichir à leurs dépends.

WILLIAMS.

C'est probable.

GEORGES.

Allons, vous allez voir que c'est nous qui avons tort.

AUGUSTE.

Sans doute.

GEORGES.

Vos preuves ?

AUGUSTE

J'en trouverai par-tout. Vous en voulez ?

GEORGES.

Beaucoup, je priai..

AUGUSTE.

Des preuves ! ils les demandent encore ! pour les confondre !...

Aïr : *Il faut quitter ce que j'adore.*

A ma voix, ombres fortunées,
Sortez de la nuit des tombeaux,
Mais aux nations étonnées,
Faites connoître vos bourreaux.
Anglais, Guiberon vous accuse,
Trop lâches pour braver leurs traits,
Votre défaite est son excuse,
Vous égorgeâtes des français.

GEORGES.

Ce fou ; quand elle serait vrai, efface-t-il celui qu'on reprochera éternellement aux français ?

WILLIAMS.

Je vous entends, monsieur !

Air : *De la Fille en lotterie.*

Il est un triste évènement,
Dont on a vu gémir la France ;
Mais s'il faut parler franchement,
Se fit-il sans votre assistance :

Il n'appartient point aux français,
Et l'univers qui vous contemple,
Sait bien que de tous ses forfaits,
L'Angleterre a donné l'exemple.

WILLIAMS.

L'histoire vous accuse.

GEORGES.

Je ne lisai jamais que le *Morning post.*

AUGUSTE.

On le voit à votre manière de penser.

GEORGES.

Enfin, malgré vous, monsieur le France, toutés vos compatriotes ne sont pas heureusement de votre avis ; il est des partis sur lesquels nous comptons.

WILLIAMS.

Toujours le bout de l'oreille perce ; tenez, moi, qui suis à peu-près neutre dans tout ceci, voilà mon avis :

Air : *Aimé de la belle Ninon.*

Dans d'autres tems, sûr des succès,
Voyant la France divisée,
Vous avez bien pu compter, mais
Aujourd'hui la chance est usée ;
On connaît vos projets, ainsi
De votre orgeuil il faut rabattre,
Les français ont bien un parti,
Mais c'est celui de vous combattre.

GEORGES, *à part.*

Plus de doute, conspirateurs. (*haut.*) Voisin, nous nous reverrons tantôt : mon nouvel état exige des détails, je sortai. (*à part.*) Ce français, il faut s'en assurer. conspirateurs. (*il rentre chez lui.*)

SCENE IV.

WILLIAMS, AUGUSTE.

WILLIAMS.

Georges est fâché, on lui a monté la tête. Vous êtes trop franc, Auguste ; cela pourrait vous devenir funeste ; croyez-moi, dissimulez!

AUGUSTE.

Je suivrai vos conseils en tout, mon père ; car, vous m'en servez depuis la mort du mien, je vous obéirai ; la reconnaissance, votre sûreté personnelle, tout m'en fait la loi.

WILLIAMS.

Je suis loin de blâmer votre enthousiasme; mais, convenez qu'à votre amour pour la France, se joint un peu la haîne que vous avez pour l'Angleterre; Patrice, votre rival est anglais.

AUGUSTE.

Votre fille est si jolie!

WILLIAMS.

Elle serait aujourd'hui sa femme, sans le fâcheux dédit qui me lie à Georges; dans un moment de gêne, ayant besoin de fonds, il ne me fût utile qu'à cette condition. Espérons tout du tems; si l'occasion se présente de retirer ma parole, crois que je ne la laisserai pas échapper. Mais, où est ma fille?

AUGUSTE.

Elle est allée faire quelques emplettes dans le village. Je crois l'entendre!

SCENE V.

LES PRÉCÉDENS, ERNESTINE, *entre en riant aux éclats.*

ERNESTINE.

Ah! ah! ah! rien n'est plus drôle, plus plaisant!

WILLIAMS, AUGUSTE.

Qu'y a-t-il donc?

ERNESTINE.

Ah! je n'en puis plus; c'est que ce Patrice est si comique en uniforme de major! son régiment est si drôle! quand l'un tourne à droite, l'autre tourne à gauche; cela fait une mêlée si plaisante! mais c'est le chef!

Air : *Du pas redoublé.*

Ce marchand de partir vraiment,
Deviendra fou, je pense,
En tête du détachement
Il gambade en cadence;
Il s'attire tous les regards,
Par sa mine guerrière,
Il a quelque chose de Mars,
Mais ce n'est que la bierre.

AUGUSTE.

Vous plaisantez, Ernestine; vous avez tort; ce nouveau grade est un titre de plus pour vous épouser.

ERNESTINE.

Patrice, mon époux! jamais!

WILLIAMS.

Il en a ma parole.

ERNESTINE

Il faut qu'il ait la mienne.

WILLIAMS.

Ernestine ne voudrait pas compromettre son père !

ERNESTINE.

J'en suis incapable ; mais vous ne serez pas compromis, j'ai des projets...

AUGUSTE.

Des projets ! ah ! parlez, ma chère Ernestine, rendez mon cœur à l'espérance !

ERNESTINE.

Il n'est pas tems encore ; l'entreprise est hardie, j'en conviens, la réussite sera mon excuse : dans tous les cas, qui pourra me blâmer de vous préférer à un anglais ?

Air : *J'ai vu par-tout dans mes voyages.* (du Défi.)

Le français adore sa femme,
De son bonheur le sien dépend ;
L'anglais, que l'argant seul enflamme,
Propose la sienne et la vend.

AUGUSTE.

Si l'on vendait le sexe en France
Prêt à lui tout sacrifier,
Chacun donnant son existence
Croirait ne pas assez payer.

(*Ici on entend : Et lon, lon, la, laissez-les passer.*)

WILLIAMS.

Quel bruit se fait entendre ?

ERNESTINE.

Comment ! à cette marche guerrière vous ne voyez pas que ce sont nos Volontaires qui s'avancent.

WILLIAMS.

Je crains ta gaieté. Rentrons.

ERNESTINE.

Ah ! mon père, je vous en prie.

WILLIAMS.

Non, ma fille, non, aux yeux des gens prévenus, tout devient suspect, rentrons. D'ailleurs Auguste est d'origine français, ils pourraient l'insulter.

ERNESTINE.

Il est sans armes.

AUGUSTE.

Ce serait peut-être un motif de plus.

ERNESTINE.

Eh bien ! ce sont des messieurs bien aimables. Rentrons donc.

WILLIAMS.

Il faut laisser passer le premier moment, ils seront bientôt désabusés. (*ils rentrent.*)

SCENE VI.

PATRICE, *à la tête des Volontaires. L'un doit avoir une jambe de bois, l'autre un emplâtre sur l'œil, etc.*

PATRICE.

Air : *Et lon, lon, la, etc.*

Lon-lon-la, laissez-les passer,
Tous ces héros de l'Angleterre,
Lon-lon-la, laissez les passer,
Ils sont prompt à se courrousser.

Voyez donc comme ils sont bien faits,
Et quelle charmante tenue,
Je ne crois pas que les français,
Près de nous se frottent jamais.
Et lon lon-la, etc.

Espoir de la Grande-Bretagne ! en bataille ! rangez-vous sur deux de file, c'était plus imposant. Garde à vous, voilà le commandant.

SCENE VII.

LES PRÉCÉDENS, GEORGES.

GEORGES.

Major, faites ouvrir les rangs, que je passe en revue. (*après avoir passé dans les rangs.*) Officiers et soldats.

PATRICE, *le tirant par son habit.*

Prenez garde, il n'y avait que quatre soldats.

GEORGES.

C'était égal. Officiers, je compte sur votre zèle, et quand vous aurez plus davantange des soldats, offrez leur l'exem-de la discipline.

PATRICE.

Au nom du corps je répondai. Nous le jurons.

GEORGES.

C'était bon. Maintenant avisons un moyen de mettre cette partie de la côte à l'abri de toute malheur. L'ordre en cas de force supérieur est de battre en retraite.

TOUS LES VOLONTAIRES.

Nous le jurons.

GEORGES.

Nous sommes assez tranquilles de ce côté, nous sommes défendus par des rochers inabordables.

PATRICE.

Faible ressource contre des enragés pareils.

GEORGES.

Ce Patrice il me contrariait beaucoup; vous allez voir qu'ils vraincront tout.

PATRICE.

Air : *Femmes voulez-vous éprouver.*

Serait-ce la première fois
Qu'ils auraient vaincu la nature,
A la justice de nos droits,
Joignons quelque sage mesure :
Pour vaincre ce peuple immortel,
Il faut inventer plus d'un piège,
S'il voyait un laurier au ciel,
Je crois qu'il en ferait le siège.

GEORGES.

En ballon n'est-ce pas ! il était fou, absolument, absolument.

PATRICE.

Ce n'était pas le ballon que je craignais, c'était les petits vaisseaux.

UN DES OFFICIERS.

Commandant, faites vous la paye aujourd'hui ?

GEORGES.

Oh ! diable, monsieur, vous êtes un peu pressé ! vous n'avez encore rien fait. Un moment on vous paiera sur les prises que l'on fera sur l'ennemi ; mais quelque chose de plus important doit nous m'occuper ; tandis que nous défendons nos côtes de l'ennemi, songeons, messieurs, à l'intérieur. Croiriez-vous bien que dans ce village on conspire contre la Grande-Bretagne ?

TOUS LES VOLONTAIRES.

Ah ! mon dieu !

GEORGES.

Soyez trauquille, ils n'étaient que deux : Williams et Auguste.

PATRICE.

J'en étais sûr. Il n'y a pas long-tems que j'ai vu dans la chambre de ce dernier l'habit d'un officier français. J'en frissonne encore quand j'y pensai.

GEORGES.

Tu redeviens anglais, je reconnais mon sang ; tu serviras

de témoin. Qu'on appelle Williams et Auguste ; s'ils sont coupables, nous sommes-là. Major, allez les chercher.

PATRICE.

Seul ?

GEORGES.

Nous sommes-là, vous dis-je.

PATRICE.

Commandant, je l'ai juré, je vous suivrai par-tout. Tenez, croyez-moi, allons-y tous.

GEORGES.

J'y consens, allez, je vous attends.

SCENE VIII.

LES PRÉCÉDENS, AUGUSTE.

BATRICE, *frappe.*

Au nom du commandant, ouvrez on je enfonçai le porte.

AUGUSTE, *ouvrant.*

Ne pourriez-vous pas être plus honnête ?

PATRICE, *se reculant.*

N'approchez pas, suivez-moi.

AUGUSTE.

Que me veut-on ? (*il s'avance.*)

GEORGES.

Qu'on s'en empare. (*les volontaires font un pas pour l'arrêter.*)

AUGUSTE.

Le premier qui s'avance paiera cher son imprudence ; de quel droit m'arrêtez-vous ? (*les volontaires se reculent et Georges aussi.*)

GEORGES.

Vous ne voulez pas être des nôtres.

AUGUSTE.

Je vous l'ai déjà dit, mon père était français.

GEORGES.

Donc vous êtes suspect, et je ordonne qu'on vons arrête, jusqu'à ce que j'aie fait mon rapport. Obéissez, qu'on le conduise en prison.

AUGUSTE.

Air : *Du Panorama.*

Contre un octroi arbitraire,
Envain je me sens indigné,
Devant la force il faut se taire,
A mon sort je suis résigné.
La prison seule me désole,
Vous pourriez m'en fermer l'accès,
Laissez-moi libre sur parole,
Puisque je ne suis pas anglais.

GEORGES.

Goddem ! il voulait parler de Valenciennes pour nous insulter. Major, saisissez-le.

PATRICE.

Je vous laisse cet honneur.

GEORGES.

Allons-y tous.

AUGUSTE.

Je le répète, le premier qui s'avônce...

SCENE IX.

LES PRÉCÉDENS, WILLIAMS.

WILLIAMS.

Quel tapage ! que se passe-t-il donc ?

GEORGES.

Que vous êtes un conspirateur.

WILLIAMS.

Georges, j'ai pu vous passer toutes vos extravagances, mais cette imputation m'irrite ; on n'accuse point un honnête homme impunément. ; qu'avez-vous à me reproche ?

GEORGES.

D'abord de refuser de servir sous mes ordres ; en second lieu, d'avoir chez vous un ennemi de la patrie ; et pour vous vous prouver combien je vous méprise, je vous remettrai ce dédit. Jamais Patrice ne sera l'époux de la fille d'un conspirateur.

PATRICE.

Qu'est-ce que vous faites donc, papa? Non, colonel, je épouserai la fille d'un conspiraseur comme celle d'un brasseur.

GEORGES.

Major, je mettrai votre passion aux arrêts.

PATRICE, *s'inclinant.*

Colonel !

WILLIAMS, *déchirant le dédit.*

Je bénis le hazard qui me rend libre de disposer de ma fille. (*à Auguste.*) Mon ami, je te la donne.

GEORGES.

Là, là, vous le voyez, volontaires ! du courage, saisissez ces mutins ; si nous ne sommes pas en force, je vais écrire au lord Cambrigde pour avoir du renfort.

SCENE X.

LES PRÉCÉDENS, ERNESTINE.

ERNESTINE.

Qu'entends-je ? on veut arrêter mon père et Auguste ?

AUGUSTE.

Soyez tranquille, je ne le souffrirai pas. Monsieur a rendu le dédit, vous êtes ma femme, il est mon père, je le défendrai jusqu'à la mort.

ERNESTINE.

Sa femme!

WILLIAMS.

Modérez votre zèle, Auguste; obéissons. Cet homme quoique coupable est revêtu d'une autorité reconnue par le gouvernement; malheur à qui ne respecte pas les loix, mais malheur aussi à qui s'en sert pour commettre un acte arbitraire. (*à Georges.*) Nous vous suivons.

GEORGES.

Comme il y a long-tems que le gouverneur n'a passé par ici, la prison était démolie; qu'on les mettent dans la cave.

PATRICE.

Bon, ils ne pourront pas sauter par la fenêtre.

ERNESTINE, *à part.*

Pour les sauver suivons mon projet, j'ai tou t ce qu'il me faut, je puis sortir par la porte du jardin.

GEORGES.

Auparavant il fallait les interroger. Mademoiselle retirez-vous, les femmes n'assistent pas aux conseils de guerre.

ERNESTINE.

J'obéis puisqu'il le faut. (*à part.*) Sans s'en douter, il me sert à merveille. (*elle sort.*)

SCENE XI.

LES PRÉCÉDENS, excepté ERNESTINE.

GEORGES.

Si je n'écoutais que mon devoir et mon indignation, je vous condamnerais sans vous entendre.

AUGUSTE.

Comme c'est l'usage chez vous.

GEORGES.

C'était égal. Je commencerai par vous, M. Williams, pour la seconde fois. Pourquoi vous ai sujet du roi d'Angletere, blâmez-vous sa conduite?

WILLIAMS.

Parce qu'elle est blâmable.

GEORGES.

Major, avez-vous votre écritoire?

PATRICE.

Oui, commandant.

GEORGES.

Ecrivez.

PATRICE.

Si ça vous était indifférent, je ne l'ai que pour la forme.

GEORGES.

J'ai la main engourdie; donnez au capitaine. (*le capitaine la remet au lieutenant, ainsi de suite jusqu'au tambour; Georges lui appercevant.* (*à part.*) Ah ! diable ! (*haut.*) C'était égal, je me rappellerai. Vous dites-donc que la conduite du roi est blâmable ?

WILLIAMS.

Sans doute.

Air : *Il n'en est point de généreux.*

Quand le chef d'un gouvernement
Veut le bonheur de sa patrie,
De ses voisins, ami constant,
La paix est son unique envie ;
Mais celui qui dans le beau rang
Oubliant son peuple et lui même,
Sans sujet demande du sang
Est indigne du rang suprême.

GEORGES.

Bien, bien. Et vous, M. Auguste, qu'avez-vous à répondre ?

AUGUSTE.

Rien. Quand qnelque chose me déplairait, je me tairai ; on doit toujours respecter les loix du pays que l'on habite.

(*Ici on entend le pas redoublé.*)

GEORGES.

Hein ! qu'est-ce que je entendai ?

PATRICE.

Ah ! mon dieu!

AUGUSTE.

A ses bons guerriers, je ne puis me tromper, ce sont les français !

TOUT LE MONDE.

Les français.

AUGUSTE.

Point de doute, c'est le pas de charge !

GEORGES.

Ah ! mon dieu ! le pas de la charge ! nous sommes là sur un vilain pied.

WILLIAMS.

Il faut nous défendre.

GEORGES.

Je ne les attendais pas si-tôt : il ne nous donne pas le tems de nous reconnaître.

AUGUSTE.

Ils s'approchent.

GEORGES.

Il faut nous éloigner.

WILLIAMS.

Qu'est donc devenu votre courage, monsieur le colonel ?

GEORGES.

Monsieur, courage, tant que vous voudrez; mais les munitions nous manquent : je n'ai peur que des gilets de flanelles.

WILLIAMS.

Voilà bien les lâches : braves, quand il n'y a rien à craindre, poltrons quand il faut se battre. Eh bien, je ne perdrai ma liberté qu'en perdant la vie. Je cours m'armer !

AUGUSTE.

Arrêtez, mon père ; cette résolution serait sans effets. Je cours vers mes compatriotes ; ils sauront distinguer le peuple du gouvernement dont ils ont à se plaindre.

GEORGES.

Oui, mon cher Auguste ; vous que je avais toujours aimé beaucoup, allez arranger tout cela. (*on entend dans la coulisse.*) Garde à vous ! pas accéléré, en avant, marche.

GEORGES.

Ah ! mon dieu, mon dieu, les voilà. Soldats, au nom de lord Cambridge, sauve qui peut. Par le flanc droite. (*Il rentrent tous pele-mêle chez Georges. Auguste sort de l'autre côté.*)

SCENE XII.

WILLIAMS, *seul.*

Comment peut-il se faire que les français ayent opéré un débarquement de ce côté.

SCENE XIII.

WILLIAMS, AUGUSTE, ERNESTINE, *en habit de colonel.*

AUGUSTE, *courant à Williams.*

Ah ! mon père, que l'amour est ingénieux ! Reconnaissez votre fille !

WILLIAMS.

Ernestine !

ERNESTINE.

Chut !

WILLIAMS, *à part.*

Quel est son projet ?

ERNESTINE, *élevant la voix.*

Je rends justice à votre démarche, monsieur; elle prouve la délicatesse de vos sentimens. Mais, mes ordres sont précis; si les troupes résistent, je les fais passer toutes au fil de l'épée.

AUGUSTE, *bas.*

J'ai peine à me contenir !... (*haut.*) Monsieur le colonel, le commandant des volontaires de ce village est un brave homme; je suis sûr, que si vous mettiez sa responsabilité à couvert, il se rendrait volontiers.

WILLIAMS, *bas à Ernestine.*

Ah ! ça, est-ce que nous jouons la comédie ?

ERNESTINE, *bas.*

De grace, paix ! (*haut.*) C'est ce que je verrai. Je vais établir mon camp près d'ici : cette maison pourrait servir d'embuscade; je vais y mettre le feu à l'instant-même. (*on entend des cris dans la maison.*) Qu'entends-je ? des cris ! me tromperiez-vous, monsieur ?

AUGUSTE.

Je suis français, c'est vous dire que j'en suis incapable; les cris que vous entendez sont ceux de six à sept guerriers, qui, avec leur valeureux chef, gémissent de ne pouvoir signaler leur valeur; mais leur petit nombre... (*à part.*) J'étouffe.

ERNESTINE.

J'aime leur courage, qu'ils se rendent, qu'ils paraissent, je verrai se que je pourrai faire pour eux.

SCENE XIV ET DERNIERE.

LES PRÉCÉDENS, GEORGES, PATRICE, et les Volontaires.

GEORGES.

Monsieur le colonel, voilà mon épée, triomphez, vous avez vaincu le plus fameux guerriers des trois Royaumes.

ERNESTINE.

La victoire est grande sansdoute; mais, messieurs, ce n'est pas tout, il ne suffit pas que vous vous rendiez, il faut encore vous, monsieur le colonel, que vous me donniez votre démission par écrit, et que vous me donniez votre démission per écrit, et que vous vous engagiez a ne plus servir contre nous, des ennemis tels que vous sont trop redoutables.

PATRICE.

J'observerai à monsieur le colonel.

ERNESTINE.

Des réflexions; soldats en avant.

GEORGES.

Non, en arrière s'il vous plaît. Avez-vous là ce qu'il faut signer.

AUGUSTE.

Par précaution, je m'en suis muni.

GEORGES.

Patrice, votre écritoire.

ERNESTINE.

Non, si vous aimez mieux combattre, reprenez votre épée.

GEORGES.

Je prends la plume.

Air : *Tout comme à fait ma mère.*

Vous voulez que je me démette
D'un emploi qui me fait honneur,
Commandant, je vous le répète,
Je me soumets de tout mon cœur,
Vous l'exigez, eh ! bien,
Je ne réplique rien,
On ne peut crier au prodige,
Puisque je fais
Comme a fait lord Cambridge.

(*Il fait baisser Patrice et se met en devoir de signer sur son dos.*)

GEORGES.

A défaut de signature, voilà ma croix.

ERNESTINE.

Bon.

WILLIAMS.

Je n'y tiens plus... ah ! ah !

AUGUSTE.

Ni moi non plus, c'est par trop plaisant.

GEORGES.

Et bien qu'est-ce qu'il avait.

PATRICE.

Non, riez, ne vous gênez pas.

ERNESTINE, *otant son chappeau et ses moustaches.*

Touchez-la papa Georges, point de rancune.

GEORGES et les Volontaires.

Ernestine !

ERNESTITE.

Elle-même, monsieur le colonel, qui a voulu vous prouver que ce n'était pas toujours celui qui faisait le plus de bruit qui était le plus brave, qu'il faut joindre les effets aux paroles.

WILLIAMS.

C'est elle, en un mot, qui vous a causé autant de e ur qu'un bataillon de grenadiers français vous en eut fait.

AUGUSTE.

D'après cet apperçu jugez de celle que vous auriez si jamais les français descendaient sur ces bords.

GEORGES.

Je suis joué.

PATRICE.

J'enrage !

GEORGES.

C'est bon ; mais croyez-vous que je laisserai un pareil outrage impuui ; non, non, j'allai porter mes pliantes.

ERNESTINE.

Et moi je vais envoyer à Londres la démissions et l'engagement que vous venez de me signer tout-à-l'heure.

GEORGES.

J'étais pris ; goddem, goddem !

WILLIAMS.

Tenez, Georges, oublions tout cela, nous pourrions bien nous amuser à vos dépens ; mais l'indulgence est le partage de bons cœurs, nous nous tairons ; aimez votre pays, rien de plus naturel ; mais que cet amour ne vous rende pas injuste... Et puis tenez, chacun son état.

GEORGES.

A la peur que j'avais eue, je croyais que vous avez raison ; je allai reprendre mon tablier.

PATRICE.

Et moi mon tire-bouchon.

WILLIAMS.

Air : *J'ai vu par-tout dans mes voyages.*

De bon cœur, je vous félicite,
De prendre ce sage parti,
Georges, malgré votre mérite,
Vous n'étiez pas fort bien ainsi ;
Sur maintes place accordées,
Convenez qu'on peut s'écrier :
Les vaches seraient mieux gardées
Si chacnn fesaient son métier.

Touchez-là, plus de haîne ; je vous rends mon estime.

GEORGES.

Moi ; mon amitié.

PATRICE.

Par conséquent je épouserai Ernestine.

WILLIAMS.

Non pas ; Ernestine en aime un autre ; Auguste sera son époux.

PATRICE.

Mais !

GEORGES.

Monsieur Patrice, paix ! je pri...

WILLIAMS.

Allons, mon ami, entrons chez moi, nous boirons à notre raccomodement et au prompt retour de la paix.

GEORGES.

Oui, oui, la paix; car la guerre me faisait trop de mal.

VAUDEVILLE.

Air : *Vaudevile du concert des Champs-Elisées.*

GEORGES.

Mon grade m'avait exalté,
Je me croyais un diable à quatre;
Mais hélas! j'avais mal compté,
Je ne valais rien pour me battre;
Je me relègue désormais
A servir, à vendre ma bierre,
Ceux qui ne veulent pas la paix,
Eh bien, qu'ils fassent seuls la guerre.

WILLIAMS.

Un bon père dans ses enfans
Trouve une nouvelle existance,
Et je compte qu'en peu de tems,
Vous doublerez ma jouissance;
Je n'ai pas tort de l'espérer,
Car pour le bonheur de la terre,
C'est à Vénus à réparer
Les torts de Mars pendant la guerre.

AUGUSTE.

Aux amoureux dans tous les tems,
L'hymen a déclaré la guerre;
Mais souvent par ses soins constans,
Ce dieu l'emporte sur son frère;
L'hymen est un lien bien doux,
Mais si l'amour ne le resserre,
Le bonheur s'enfuit loin de nous,
Et la paix fait place à la guerre.

PATRICE.

L'aspect d'un officier français
A rempli mon cœur d'épouvante,
Aussi quel amant vit jamais,
Des moustaches à son amante;
De cette méprise honteuse,
Je m'en consolerai, j'espère,
Car javais lu dans ses beaux yeux
Qu'elle m'eut fait souvent la guerre.

(*Au public.*)

Si nos auteurs sur les anglais
Ont fait une plaisanterie,
C'est que Jules, c'est que François
Ils haïssent la perfidie,
Ils pourraient douter du succès
Si Pitt était dans le parterre;
Ils sont surs que vous crerez paix
A ceux qui leurs feront la guerre.

FIN.

www.ingramcontent.com/pod-product-compliance
Ingram Content Group UK Ltd.
Pitfield, Milton Keynes, MK11 3LW, UK
UKHW020535180726
13839UKWH00006B/2520

9 782329 610641